Reisebegleiter

WEST-PELOPONNES

Malerische Buchten, Badeorte und Traumstrände, Ausgrabungsstätten, Göttertempel, Ritterburgen , Inseln, Höhlen und eindrucksvolle Ausflugsziele, wertvolle Tipps, Hotels, Pensionen, Gästehäuser, Campingplätze, Restaurants, Tavernen, Kantinas.

Text und Fotos
Agamemnon

IMPRESSUM

Bibliografische Information der Deutschen Nationalbibliothek
Die deutsche Nationalbibliothek verzeichnet diese Publikation in der Deutschen Nationalbibliografie, detaillierte bibliografische Daten sind im Internet über http://dnb.d-nb.de abrufbar.

ISBN-978-3-8334-9457-4

Autor: Agamemnon
GR- 27050 Kastro-Ilias
E-Mail: sicrifea@web.de

Herstellung und Verlag:
Books on Demand GmbH
Gutenbergring 53
D- 22848 Norderstedt
Tel.: 0049 (0)40-534335-0, Fax: 0049 (0)40-534335-84
info@bod.de, www.bod.de

Printed in Germany

Gestaltung:
Titelbild – Vorderseite: Charilaos Trikoupis Brücke in Patras-Rio
Bild – Rückseite: To Navagio (Shipwreck Bay), Zakynthos
Fotos und Text: Agamemnon
Foto Autor-Portrait: Gisela Richter
Lektor: Amadeus Ackermann
Grafik und Design: Michael Burger
Karten: Europaroutenplaner

Vielen Dank für die Mithilfe an:
Gisela Richter, Amadeus Ackermann, Michael Burger,
Dr. Hermann Hörscher, Vassili Tselepis, Christos Tsalupis

Dieses Buch ist erhältlich beim Verlag Books on Demand GmbH, Norderstedt, BoD Partnerbuchshop libri.de, Buchhandlungen und Buchshops im Internet.

EINLEITUNG: Willkommen am West-Peloponnes

Liebe Leser,
Ich möchte Ihnen mit diesem Buch die Möglichkeit geben den westlichen Teil der Halbinsel Peloponnes in ihrer Vielfalt kennen zu lernen. In diesem Reisebegleiter beschreibe ich als langjähriger Kenner des Landes, Reiseschriftsteller und Fotograf meine zweite Heimat, den West-Peloponnes.

Die Halbinsel Peloponnes liegt im Westen von Griechenland. Eingangstor und wichtigster Hafen den man mit Fähren oder Flugzeugen erreicht, ist Patras, welche 2006 die Kulturhauptstadt Europas war. Sie entstand um 1100 v. Chr. und wurde vom Achäer Patreus gegründet. Sie ist heute die viertgrößte Stadt Griechenlands mit über 160000 Einwohnern und Hauptstadt der Provinz Achaia. Traumhaft sind die Sandstrände von Kalogria, Kyllini bis nach Skafidia. Die kilometerlangen, breiten Sandstrände sind noch fast menschenleer und laden zu einem erholsamen Badeurlaub ein. Im Juni legen an den Stränden die seltenen Urtiere Caretta Caretta Seeschildkröten ihre Eier ab. Aber auch die schönen Landschaften wie die naturgeschützten Lagunen von Achaia, der Wald von Strofilia und der Elissee sind sehenswert. Vom Hafenort Kyllini aus kann man tolle Ausflüge zur Ionischen Insel der Naturwunder „Kefalonia“ und Blumeninsel „Zakynthos“ unternehmen. Ursprüngliches griechisches Dorfleben erlebt man noch im kleinen Bergdorf Kastro-Ilias. Diese Gegend ist wie im Paradies. Oliven, Wein, Südfrüchte wie Orangen, Mandarinen, Zitronen, Feigen, Melonen und Granatäpfel werden geerntet. Nirgendwo blüht der Mohn so tiefrot und der Ginster so gelb wie am West-Peloponnes. Orgien von Bougainvillea und Clematis strahlen im Sonnenlicht. Zu den intensiven Farben der blühenden Blumen gehören auch die Stimmen der Natur, das Zikadensirren und der Wellenschlag des blauen Ionischen Meers. Romantische Sonnenuntergänge erlebt man in der Bucht von Arkoudi, am Kyllini- und Analipsis Beach. Heilbäder findet man in Loutra-Kyllini und Kaiapha. Kein Weg geht an Olympia vorbei. Hier fanden 776 v. Chr. die ersten Olympischen Spiele statt. Über das idyllische Bergdorf Andritsena gelangt man zu dem in einer einsamen Bergwelt gelegenen Tempel von Vasses. Er ist einer der besterhaltenen Tempel Griechenlands. In der Nähe von Kalavrita liegt das Kloster Agia Lavra, das heute Nationalheiligtum ist, und das älteste Kloster Griechenlands Mega Spileon. Ein Abenteuer ist es noch mit der Ododontos Zahnradbahn von Diakopto durch die wilde Vouraikosschlucht nach Kalavrita zu fahren. Machen sie auf dem Rückweg nach Patras unbedingt noch einen Abstecher nach Delphi, das einst der Mittelpunkt in der antiken Welt war, und dem malerischen Nafpaktos.

Den West-Peloponnes entdecken lohnt sich sehr. Es ist ein Land für alle Sinne, das Land der Sonne, des Lichts, der traumhaften Sonnenuntergänge und gastfreundlichen Menschen. Hier kann man noch die Seele baumeln lassen.

Kalimera Griechenland

ANREISE:

VENEDIG – PATRAS - Mit der Fähre

Den West – Peloponnes erreicht man mit den Autofähren von den italienischen Hafenstädten Ancona, Bari oder Brindisi aus. Unvergleichlich beeindruckend ist es jedoch, die Schiffsfahrt von der herrlichen Lagunenstadt Venedig mit ihrer traumhaften Kulisse zu starten. Man sieht Venedig aus einer völlig anderen Sicht vom Meer aus. Vorbei am berühmten Markusplatz, wo sich viele Menschen tummeln, der Rialto Brücke, Gondeln und kleinen Ausflugsschiffen mit winkenden Touristen, fährt man von blauen Wellen getragen Richtung Griechenland. Die Fährschiffe der griechischen Schifffahrtslinien sind sehr gut ausgestattet mit Kabinen, Swimmingpool, Restaurant, Bar, Aufenthaltsräumen, Einkaufsläden, Duschen und WC. Camper können sogar im Fahrzeug an Bord campen.

KORFU – Die grüne Insel

ist die nördlichste der Ionischen Inseln und um die Mittagszeit die erste Anlaufstation der Fähre. Schon bei der Einfahrt in den Hafen gleitet man an der einzigartigen Stadtkulisse von Korfu-Stadt vorbei. Sehr malerisch zwischen zwei monumentalen Festungen gelegen, liegt einer der schönsten Häfen Griechenlands. Die Griechen nennen diese Insel Kerkyra. Der Überlieferung zufolge stammt der Name von der Nymphe Korkyra, Tochter des Flussgottes Asopos, die der Meeresgott Poseidon liebte und auf die Insel brachte. Korfu hatte aber auch schon in grauer Vorzeit berühmte Besucher. Im 6. und 7. Gesang der Odyssee schildert Homer eines der schönsten Abenteuer. Der Sage nach strandete Odysseus auf Kerkyra und verliebte sich nicht nur in die heimische Königstochter Nausikaa, sondern auch in diese Insel. Kaiserin Elisabeth von Österreich (Sisi) war ebenso begeistert von dem Flair und baute ein Ferienschlösschen, das Achilleion, auf der Insel, in der anschließend der letzte deutsche Kaiser Wilhelm II seine Ferien verbrachte. Millionen uralter Olivenbäume bedecken Korfu und geben ihr auch den Namen „die grüne Insel“.

IGOUMENITSA – Hafenstadt an der Festlandküste

Nach einer Stunde erscheint das Festland Griechenlands mit dem Hafen Igoumenitsa. Dort werden schwer beladene Lastwagen, Pkw und Wohnmobile entladen die nach Nordgriechenland fahren möchten. An der felsigen Festlandküste Griechenlands entlang, vorbei an der Mythosinsel Ithaka, erreicht das Fährschiff nach 29 Stunden Fahrt den Hafen von Patras am West – Peloponnes.

Markusplatz in Venedig

Stadtkulisse von Venedig

ANREISE – mit dem Flugzeug

Wer mit dem Flugzeug anreisen möchte, hat direkte Flugverbindungen von mehreren deutschen Flughäfen nach Araxos, von dort sind es noch 40 km nach Patras. Wer einen Mietwagen benutzen will, sollte diesen rechtzeitig vorbuchen, da es am Flughafen Araxos keine Mietwagen gibt!

PATRAS – Vitale Hafenstadt

Patras ist Griechenlands Tor nach Westen und liegt im Nordwesten der Peloponnes Halbinsel. Sie entstand um 1100 v. Chr. und wurde vom Achäer Patreus gegründet. Mit über 160.000 Einwohnern ist sie heute die viertgrößte Stadt Griechenlands und wichtigster Hafen der Peloponneshalbinsel, vor allem für die Fährverbindungen nach Italien. Im Hafen von Patras herrscht überall reges Treiben. Direkt an der Hafenstraße befindet sich der Bahnhof und Busbahnhof. Dahinter liegen die Platia Trion Symmachon mit ihren schattigen Straßencafes und dem Zentrum mit den Einkaufsstraßen Riga Fereou, Mezonos und Korinthou die zu einem Einkaufsbummel einladen. Am Südende der langen Agiou Andreou-Straße befindet sich in einem Parkgelände die kleine Kirche Agios Andreas. Hier soll der Apostel Andreas sein Martyrium erlitten haben. Daneben steht die viel größere Bischofskirche, eines der markantesten architektonischen Elemente in Patras. Die beiden Hauptplätze der Stadt, die Platia Olgas und die Platia Georgiou mit dem Stadttheater, sind zum Treffpunkt der Jugend, der vielen Studenten und der Touristen avanciert. Von dort führt die kneipenreiche Odos Gerokostopoulou hinauf zum antiken Odeion, einem typischen Theater aus der Römerzeit, das seit einigen Jahren für kulturelle Veranstaltungen genutzt wird. Weiter geht es zur venezianisch-byzantinischen Burg, dem schönsten Teil der Stadt, mit ihren öffentlichen Grünanlagen, von wo man einen grandiosen Blick über die Stadt und den Hafen hat. Innerhalb der Burgmauern befindet sich ein kleines Freilichttheater. Nördlich davon liegt das Restaurant „Dasyllio“ mit einem schönen Cafe-Garten und herrlichem Blick über die Stadt. Drei Querstraßen vom Odeion entfernt lohnt die Pantokrator-Kirche wegen ihrer Geschichte einen Besuch. Aus dem Blei des Daches gossen die Griechen 1821 Kugeln für ihren Freiheitskampf gegen die Türken. Den Sonnenuntergang über dem Golf von Patras genießt man am besten in einer der vielen Tavernen direkt am Meer drei Kilometer südlich der Stadt oder bei der abendlichen Promenade am Hafenkai. Hauptattraktion von Patras ist der traditionsreiche Karneval. Sieben Wochen vor dem griechischen Osterfest heißt das Motto „Samba und Sirtaki“. Nirgendwo in Griechenland ist der Karneval so farbenprächtig und turbulent wie dort. Am Faschingssonntag kann man bei der großen Parade mit über 50.000 Karnevalisten, tolle Kostüme, Masken und fantastisch bemalte Gesichter bewundern oder selbst mitmachen. Besucher sollten rechtzeitig eine Unterkunft reservieren, da der Andrang sehr groß ist. Patras war 2006 die Kulturhauptstadt Europas.

AUSFLUGSZIELE:

CHARILAOS TRIKOUPIS BRÜCKE in Patras-Rio

Zum neuen Wahrzeichen von Patras ist unterdessen die 2004 eröffnete „Charilaos Trikoupis Brücke“ geworden. Mit 2252 Metern ist sie ein technisches Meisterwerk und die längste Schrägseilbrücke der Welt, welche die Peloponneshalbinsel bei Patras-Rio zum westgriechischen Festland bei Antirrio verbindet.

WEINGUT - Achaia Clauss

Eine Exkursion zum malerisch gelegenen Weingut „Achaia Clauss“, etwa sechs Kilometer südlich der Stadt, ist sehr empfehlenswert. Das Areal liegt hoch über Patras mit imposanten Bäumen, üppiger Blütenpracht und schön gemauerten Hallen inmitten der Weinberge und wurde Mitte des 19. Jahrhundert von Gustav Clauss gegründet, der dort wenige Jahre später mit der Weinproduktion begann. Sehr freundlich werden die Besucher von der Fremdenführerin „Antonia“ in die Geheimnisse und die Geschichte des Gutes eingewiesen. Probieren Sie unbedingt den süßen, in alten Eichenfässern gereiften, “Mavrodaphne“ Wein. Gustav Clauss nannte ihn nach seiner Verlobten, die Daphne hieß und schwarze Augen hatte (griechisch mavros). Aber auch der Demestica, Moskato Patron, der rote Danielis und weiße Santa Helena sind weltweit bekannte Weine. Bei Führungen kann man diese auch probieren.

LAGUNE von Metochi und Kotychi

An die 40 km sind es von Patras bis zu der Lagune von Metochi und Kotychi. Direkt hinter dem Flughafen von Araxos in Richtung Kalogria beginnt eine Landschaft mit Seltenheitswert. Naturgeschützte Salz- und Süßwassersümpfe, ein Vogelparadies mit Grau- und Seidenreihern, Stelzenläufern, Landschildkröten, Amphibien- und unterschiedliche Reptilienarten sind in diesem Gebiet beobachtet worden. Eine kleine Kapelle steht mitten in der Sumpflandschaft. Es gibt ein Besucherinformationszentrum über die Lagune von Kotychi und den Wald von Strofilia im Dorf Lappa gegenüber dem Bahnhof, das montags bis freitags von 8.30 Uhr - 14.30 Uhr kostenlos besichtigt werden kann.

WALD von Strofilia

Der Wald von Strofilia liegt hinter der Lagune von Kotychi und grenzt den Kalogria Strand ab. Er ist einer der letzten noch existierenden Pinienwälder des Mittelmeeres, die in Meeresnähe zu finden sind. Der Küstenwald erstreckt sich auf ca. 200 Hektar. Seltene Schirmpinien, Aleppokiefern und Walloneneichen schirmen einen der längsten Strände Griechenlands ab.

Lebhafter Hafen von Patras

Blick von der Burg über Patras

Schirmpinienwald von Strofilia

Lagune von Metochi

Natursandstrand von Kalogria

KALOGRIA – Weißer Natursandstrand

22 km erstreckt sich an der Westküste von den schwarzen Bergen beim Kap Araxos bis zum südwestlich gelegenen Hafenort Kyllini einer der längsten Natursandstrände Griechenlands. Der Westwind schuf durch seine Wellen ein Dünengebiet, das 100 bis 200 m breit ist. Hier gedeiht der Strandhafer und im August blühen die Strandlilien und das Meermannestreu. Die Urtiere Caretta Caretta Meeresschildkröten legen im Frühling ihre Eier im Sandstrand ab.

KYLLINI – Fähr- und Fischerhafen

Geschützt hinter dem Kap Kyllini liegt der Fährort Kyllini. Von hier setzen größere Autofähren mehrmals täglich zur Insel Kefalonia und Zakynthos über. An der Hafenmole liegen jede Menge Fischerboote. Wenn man früh morgens in den Hafen kommt, kann man fangfrischen Fisch direkt beim Fischer am Kaikiboot oder beim Fischhändler im Ort kaufen. Es gibt hinter dem Rathaus rechts einen kleinen Sandstrand, wo auch sehr gute Fischtavernen liegen, die zum Essen einladen. Einige Cafes liegen direkt vor dem Hafeneingang, wo man seinen griechischen Kaffee trinken kann, falls man auf die Fähren warten muss.
Südöstlich von Kyllini nach dem Ortsausgang rechts, dann landeinwärts der Ausschilderung folgend kommt man zum Kloster Moni Vlachernon. Die Klosterkirche aus dem 12./13. Jahrhundert zeigt östliche wie westliche Stilelemente, byzantinische Kapitelle mit Pflanzenreliefs und eine spätromanische Arkadenhalle aus der fränkischen Zeit. Das ehemalige Männerkloster wird heute als Altenpflegeheim mit einer Abteilung zur Pflege psychisch Kranker genutzt. Die Klosterkirche kann besichtigt werden.

SEHENSWERTE AUSFLUGSZIELE:

KEFALONIA - Die Insel der Naturwunder

Erreicht man in 1,5 Stunden mit der Fähre vom Hafen Kyllini aus. Die größte Ionische Insel bietet eine Tour voller Highlights. Grüne Gebirgsregionen, sehr seltene Pflanzen, schmucke Dörfer wie das Lagunendörfchen Assos und das pittoreske Fischerdorf Fiskardo, der berühmte Melissani Höhlensee und die Tropfsteinhöhle Drongarati wo schon wegen der tollen Akustik Mikis Theodorakis und Maria Callas Konzerte gaben. Eine traumhafte Bucht ist die Mirtos Bay, die mit ihrem wunderbaren Farbenspiel und kristallklarem Wasser die Besucher verzaubert. Mit zu den Naturwundern der Insel zählt die Meeresmühle bei Argostoli.
Vom Hafenort Sami oder Fiskardo aus kann man mit der Fähre übersetzen zur Mythosinsel Ithaka.

Mohnblumenwiese bei Kyllini

Hafen von Kyllini

Fischer im Hafen von Kyllini

Moni Vlachernon bei Kyllini

Ieeresmühle bei Argostoli, Kefalonia

Mirtos Bucht, Kefalonia

Mellisani Höhlensee

Drongarati Tropfsteinhöhle, Kefalonia

Bergziegen im Enosgebirge, Kefalonia

Hafen von Fiskardo, Kefalonia

ZAKYNTHOS –Blumeninsel mit venezianischem Flair

In gut einer Stunde fährt man mit der Fähre vom Hafen Kyllini zur Insel Zakynthos. Die Hauptstadt der Insel Zakynthos-Stadt begeistert die Besucher mit ihrem venezianischen Flair. Im Frühling überzieht ein Blumenmeer die drittgrößte Ionische Insel. Der schönste Teil der Insel liegt im Inselnorden. Vom hübschen Hafen Agios Nikolaos kann man mit kleinen Booten zu den blauen Grotten fahren oder zur Shipwreck Bay (To Navagio), die mehrfach schon mit ihren bizarren Felsen und dem gestrandeten Schiff zur weltschönsten Bucht gekürt wurde. In dem Bergdorf Volimes kann man den Frauen beim Weben der Teppiche zuschauen und die Klöster Anafonitria und Georgios Krimnon besichtigen. Für Romantiker sind die Sonnenuntergänge in Kampi ein unvergessliches Erlebnis.

ITHAKA – Wo schon Odysseus weilte

Eine Insel voller Mythen, abseits der großen Touristenströme, bietet neben malerischen Dörfern auch zauberhafte Buchten und Strände. Sie liegt zwischen den Inseln Kefalonia und Lefkada am Eingang zum Golf von Patras. Erreichbar
Ist die Insel von Patras mit der Fähre über den Hafenort Sami auf Kefalonia, von dort geht es weiter nach Piso Aetos oder nach Vathi dem Hauptort von Ithaka. Das stille, pittoreske Eiland zählt nur 3.000 Einwohner und ist für Touristen immer noch ein Geheimtipp. Die Bewohner leben vor allem vom Oliven-und Weinanbau, von Fischfang, Viehzucht und Tourismus. Ithakas besonderer landschaftlicher Reiz liegt im Wechselspiel zwischen steil abfallenden Küsten, idyllischen Buchten und Stränden. Gepflegte Gärten und Olivenhaine stehen im Kontrast zu unberührter Natur. Die kleine Inselhauptstadt Vathi hat einen fjordartigen Naturhafen, der zu den schönsten Häfen Griechenlands gehört. Zauberhaft sind die Fischerdörfer im Nordosten der Insel, Frikes und Kioni. Der schönste Strand liegt an der Westküste bei Aspros Gialos. Die besten Badebuchten sind die Filiatro-Bucht, Sarakiniko- und Polis Bucht. Überall findet man noch Spuren von dem legendären griechischen Seefahrer und Held von Troja Odysseus. In der Nymphenhöhle soll er angeblich nach seiner Heimkehr die mitgebrachten Schätze versteckt haben, oder die Polis Bucht mit der Loisos Höhle, wo er nach Troja aufgebrochen sein soll. Bis heute kann man noch auf den Spuren von Odysseus wandeln und antike Mythen spüren.

Wer umfangreichere Informationen über die Ionischen Inseln erfahren möchte, kann dies im 2008 erscheinenden Reisebegleiter des Autors Agamemnon lesen.

„Die Ionischen Inseln – Auf den Spuren von Odysseus"
Korfu, Paxos, Antipaxos, Lefkada, Ithaka, Kefalonia, Zakynthos

Zakynthos-Stadt mit venezianischem Flair

Zakynthos, die blauen Grotten an der Nordküste

To Navagio Bucht, Zakynthos

Sandstrand bei Planos, Zakynthos

Fischtaverne in Agios Nikolaos, Zakynthos

Windmühle am Kap Skinari, Zakynthos

Blick auf Vathi, Ithaka

spros Gialos, Ithaka

Kloster Kathara, Ithaka

Malerische Bucht von Kioni, Ithaka

Romantischer Fischerhafen von Frikes, Ithaka

KASTRO – Ursprüngliches Dorf mit Kreuzritterburg

Rund sechs Kilometer südlich des Hafens Kyllini zwischen Patras und Olympia liegt auf einer Bergkuppe das Dorf Kastro-Ilias. Überragt wird der Ort von der Festung Chlemoutsi, einer imposanten Ritterburg die im 13. Jh. vom fränkischen Kreuzritter Geoffrey II. de Villehardouin erbaut wurde. Hinter der alten Platia in der Dorfmitte führt rechts ein kleiner Weg zur Burg hoch. Man sollte diesen möglichst zu Fuß zurücklegen, vorbei an blühenden Gärten und der alten Kirche von Kastro, da oben vor der Burg nur wenige Parkplätze vorhanden sind. Durch das Tor der mächtigen Außenmauer gelangt man in das Burgareal, wo eine zweite hohe Mauer die innere Burg sichert. Den Kern der restaurierten Anlage bildet die sechseckige Kernburg, deren überwölbte Säle noch ein Bild vom ritterlichen Leben vermitteln. Von den Außenmauern der Burg, die an den Film im Namen der Rose erinnert, hat man eine grandiose Rundumsicht über die Halbinsel von Kyllini, das Dorf Kastro und auf die im Ionischen Meer vorgelagerten Inseln Zakynthos, Kefalonia, Ithaka und bei gutem Blick bis zur Insel Lefkada. Unterhalb des Bergkegels, auf dem die Burg steht, schmiegen sich die Häuser malerisch an den Hang. Das Dorf Kastro ist auf mäßigen Tourismus eingestellt. Hier findet man noch das Kafeneion, ein paar gute Tavernen, den Bäcker, den Metzger, einen Keramikladen, einen kleinen Supermarkt, Souvenirladen und Privatzimmer. Im Dorf werden auch noch alte Folkloretänze in Volkstrachten gepflegt und wenn in einer Taverne die Bouzouki erklingt wird auch spontan Sirtaki getanzt. Die Einwohner sind sehr gastfreundlich und leben überwiegend von der Landwirtschaft. Es werden Melonen, Tomaten angepflanzt und an den Bäumen hängen wie im Paradies köstliche Orangen, Mandarinen, Zitronen, Feigen und Granatäpfel. Rund um das Dorf gibt es tausende von Olivenbäumen, welche die Haupteinnahmequelle der Bewohner von Kastro sind. Aus den Oliven wird ganz hervorragendes Olivenöl hergestellt das man unbedingt probieren sollte. Wenn man Glück hat grast eine Schafherde im friedlichen Olivenhain. In Kastro-Ilias kann man noch die ursprünglich gebliebene Atmosphäre eines griechischen Dorfes erleben und einen wunderschönen Badeurlaub genießen.

AUSFLUGSZIELE:

ANALIPSIS - Beach

Nach der Ortsausfahrt Kastro in Richtung Kyllini führt links ein Weg hinab zum Analipsis Beach. Romantiker können abends besonders schöne Sonnenuntergänge erleben wenn die Sonne zwischen den Ionischen Inseln Kefalonia und Zakynthos unter geht. In der Strandkantina Kalamias kann man unterm Sternenhimmel einen Ouzo, griechischen Wein sowie vorzügliches Essen bei romantischer Musik genießen.

Kastro-Ilias mit Kreuzritterburg Chlemoutsi

Blick von der Burg über Kastro-Ilias nach Zakynthos

Typisches Kafeneion in Kastro-Ilias

Keramikladen in Kastro-Ilias

Bouzouki Spieler in der Taverne

Sirtaki Tanz in der Taverne

Folkloretanzgruppe von Kastro-Ilias

Schafe weiden im Olivenhain

Granatäpfel wachsen wie im Paradies

Bougainvillea blüht zwischen Bananenstauden

KYLLINI - Golden Beach

Ab Kastro westwärts führt eine Straße drei Kilometer in Serpentinen herunter an die Westküste zu einem der schönsten Strände Griechenlands, dem Traumsandstrand Kyllini Golden Beach. Der goldene Sandstrand mit Sanddünen wie auf Sylt erstreckt sich sieben Kilometer bis nach Loutra. Im Juni legen hier die seltenen Urtiere, die Caretta Caretta Seeschildkröten ihre Eier ab. Direkt am Meer, liegen die Hotels wie der Robinson Club Kyllini Beach und das Grecotel Olympia Riviera Resort, die Kantina bei Nakos und zwei Campingplätze am Kyllini Strand. Er wurde mit der blauen Flagge der EU als besonders sauberer Sandstrand ausgezeichnet.

LOUTRA KYLLINI – Alter Badeort

Am Ende des Kyllini Strandes befindet sich der Badeort „Loutra Kyllini". In einem Wäldchen liegen die Thermalquellen mit einem älteren Badehaus, davor ein paar kleine Tümpel, in dem die Badegäste mit den schwarzen Schlamm auf ihren Körper auftragen. Die Quellen sollen bei Rheuma, Asthma und Hauterkrankungen helfen.

ARKOUDI – Romantische Badebucht

In der Badebucht von „Arkoudi", südlich von Loutra gelegen, kann man traumhafte Sonnenuntergänge erleben, zuschauen wie die Sonne hinter der gegenüber liegenden Insel Zakynthos untergeht und in der Strandbar bei Pink Floyd Musik köstliche Drinks genießen. Im ehemaligen Fischerdorf gibt es einige Hotels und gute Tavernen.

GLYFA – Kleiner Fischerort

An der Südseite der Kyllini Halbinsel, sieben Kilometer von Loutra Kyllini entfernt, liegt der kleine Fischerort „Glyfa" mit Campingplätzen und schönem Sandstrand. Am südwestlichen Ortsende gibt es eine gute Fischtaverne, wo man frischen Fisch essen kann und bei guter Stimmung manchmal eine Bauchtänzerin tanzt.

ANDRAVIDA – War Residenz der Fürsten von Morea

Liegt acht Kilometer nördlich von Gastouni und zeigt noch einen Rest seiner Glanzzeit aus der Kreuzfahrerzeit. Andravida war einmal Residenz der Fürsten von Morea und hieß Andreville. Heute sieht man noch den Ruinenrest einer gotischen Kathedrale aus dem 13.Jh. Der erhaltene Ostchor ist geprägt in einer zisterziensischen Architektur.

Kyllini Golden Beach

Poollandschaft im Robinson Club Kyllini Beacl

Traumhafter Sonnenuntergang am Analipsis Beach

Schwefelquellen in Loutra Kyllini

Romantischer Sonnenuntergang in der Bucht von Arkoudi

Bauchtänzerin "Mirjam" in der Fischtaverne von Glyfas

AMALIADA – Ländliche Stadt mit Zigeunermarkt

Über die Provinzdörfer Vartholomio und Gastouni, wo jede Woche noch Wochenmärkte stattfinden, kommt man in die ländliche Stadt Amaliada. Sie wurde erst im 19. Jh. gegründet und nach der Königin Amalia, der Gemahlin König Ottos, benannt. Die Stadt hat eine freundliche Fußgängerzone mit vielen Geschäften. Hauptattraktion ist samstags der Zigeunermarkt. Am südöstlichen Stadtrand liegt das Kloster Moni Frankavilla aus dem 12. Jh..

ELIS – Antike Ausgrabungsstätte

Ungefähr zwölf Kilometer landeinwärts von Amaliada liegt die Ausgrabungsstätte der antiken Stadt Elis. Sie war bereits im 3. Jh. v. Chr. als Siedlung bewohnt. Heute liegt der Platz einsam in einer gewellten Landschaft am Piniosfluss. Man kann man bei den Ausgrabungsarbeiten zuschauen. Bisher wurden Reste einer Stoa, ein Gymnasion und Amphitheater freigelegt. Im archäologischen Museum findet man zwei kreisrunde Mosaiktafeln mit Darstellung der zwölf Taten des Herakles und der neun Musen. An wunderschön blühenden Mohnfeldern vorbei lohnt es sich noch sechs Kilometer weiter zu fahren bis zum hohen Erddamm, über den eine Fahrstraße verläuft. Dahinter liegt der Piniou Stausee, der als Wasser-Reservoir zur Bewässerung der vorgelagerten, fruchtbaren Ebenen fungiert. Wunderschön ist die Landschaft, wenn wie in gelben Orgien der Ginster blüht. Von der nördlich am See gelegenen Taverne hat man einen tollen Blick über die vielen Buchten des Sees und die Skollis Berge, die früher von den fränkischen Rittern „Berge der Abenteuer“ genannt wurden.

KLOSTER DER ASKETEN – Ein Geheimtipp

Ein wirkliches Abenteuer kann man auch heute noch auf dem Peloponnes erleben. In der Nähe des Dorfes Goumero liegt in einer tiefen Schlucht das Kloster der Asketen. Dieses wurde in eine große Felsspalte gebaut. Kein Sonnenstrahl fällt in die abgelegene Schlucht. Im Dorf Goumero nimmt man möglichst einen Führer mit. Das Kloster ist nur mit einem Geländewagen oder zu Fuß erreichbar. Deshalb sollte man gutes Schuhwerk für die Wanderung mitnehmen.

DIE ÄLTESTEN OLIVENBÄUME DER WELT

Ungefähr ein Kilometer vom Kloster der Asketen entfernt findet man die beiden „ältesten Olivenbäume der Welt“, die angeblich dreitausend Jahre alt sein sollen.

Wochenmarkt in Gastouni

Zigeunermarkt in Amaliada

Ausgrabungsgelände des antiken Elis

Elissee mit Blick auf die Peloponnes Berge

Griechischer Esel am Wegesrand

Kloster der Asketen

Ältester Olivenbaum der Welt beim Dorf Goumero

45

Die ältesten Olivenbäume der Welt

KATAKOLO – Lebhafter Hafenort

liegt westlich von Pyrgos. Es dümpeln immer noch Fischerboote vor dem Hafenkai, wo zahlreiche Tavernen und Cafes auf ihre Gäste warten. Gelegentlich ankern Kreuzfahrtschiffe zu Exkursionen nach Olympia im Hafen. Im Ortszentrum gibt es eine rund 300 m lange Hauptstraße mit teils restaurierten Gebäuden, zahlreichen Shops und Souvenirläden. Das Hinterland ist reich an Olivenhainen und Weingärten. Beim Kap Katakolo liegt in einer halbkreisförmigen Bucht Agios Andreas. Bei ruhiger See kann man unter Wasser Reste der alten Stadt Pheia, des früheren Hafens von Olympia ausmachen. Auf der Akropolis darüber liegen noch Ruinen und der Turm der fränkischen Festung Belvedere aus dem 13. Jh.

AUSFLUGSZIELE:

SKAFIDIA – Beach

Nördlich von Katakolo liegt der schöne, naturbelassene Sandstrand von „Skafidia", wo man einen ruhigen, erholsamen Badeurlaub verbringen kann. Sehenswert ist auch das Frauenkloster Iera Moni Skafidias. Den Glockenturm im weiträumigen Klosterhof bauten Venezianer.

WEINGUT – Mercouri

Nördlich von Mirtea bei der Ortschaft Korakochori befindet sich das 1870 erbaute „Weingut Mercouri". Das relativ kleine Weingut ist seit vier Generationen in Familienbesitz. Der hier produzierte, großartige „Kitma Mercouri" Rotwein, hat ein Bouquet von besonders feinem, abgerundetem, edlem Geschmack. Er gehört zu den besten Weinen Griechenlands und erhielt mehrfach Auszeichnungen bei internationalen Weinwettbewerben.

KAIAPHA – Schwefelheilbad

Weiter südlich , sieben Kilometer vor Sacharo, findet man an einem verschilften See das „Schwefelheilbad Kaiapha". Aus zwei Grotten strömt schwefelhaltiges Quellwasser. Für den unangenehmen Geruch bietet der griechische Mythos die Erklärung an, dass hier der Kentaur Nessus, von einem vergifteten Pfeil des Herakles getroffen, seine Wunde ausgewaschen hat. Von Sacharo bis Kiparissia erstrecken sich lange, unberührte Sandstrände soweit das Auge reicht.

PYRGOS – Hauptort von Elis

Von der Terrasse neben dem kleinen Park hat man die beste Aussicht auf die 30 000 Einwohner Stadt. Beim Hauptplatz der Platia Eparchiou erlebt man noch unverfälschten griechischen Alltag in den klassizistischen Markthallen.

Hafen von Katakolo

Weingut Mercouri

Naturbelassener Sandstrand von Skafidia

Grotte beim Schwefelheilbad Kaiap

OLYMPIA – Austragungsort der Antiken Olympischen Spiele

Olympia ist heute ein Ort mit 1000 Einwohnern, der überwiegend vom Tourismus lebt. Er liegt eingebettet in einer lieblich grünen Hügellandschaft. Restaurants, Cafes, Souvenirgeschäfte, Juweliere, Kunstgalerien säumen die Hauptstraße, die hinunterführt zu den Ausgrabungen des antiken Heiligtums. Hier fanden erstmals 776 v. Chr. die Olympischen Spiele statt. Wiederentdeckt wurde Olympia 1766 durch den Engländer Richard Chandler, der unter vier bis sechs Meter dicken Schwemmschichten Mauern des Zeustempels fand. Seit 1875 legt das Deutsche Archäologische Institut frei, was aus der 1100-jährigen Geschichte, des dem Göttervater Zeus geweihten Heiligtums erhalten geblieben ist. Am besten besucht man die Ausgrabungsstätten am frühen Morgen wenn die großen Touristenströme noch nicht das Gelände bevölkern. Wer die Ausgrabungen verstehen will, sollte vom Eingang gleich zum Tempel des Olympischen Zeus gehen. Dieser Tempel war der kultische Mittelpunkt, 28 m breit und über 64 m lang. 36 dorische Säulen, jede über zehn Meter hoch umgaben die fensterlose Cella. In ihrem Inneren stand in mystischem Halbdunkel eines der sieben antiken Weltwunder, eine über 13 m hohe, innen hohle Zeus-Statue aus Gold, Silber, Elfenbein und Edelsteinen. Nördlich fällt der Blick auf den Heratempel, welcher der Göttin Hera geweiht wurde. Er ist der älteste und das am besten erhaltene Gebäude von Olympia und stammt aus dem 7. Jh. v. Chr.. Östlich davon liegt das antike Olympiastadion. Man schreitet ehrfurchtsvoll durch einen teilweise überwölbten Durchgang ins Stadion, das einst rechteckig war. Es bot auf seinen gut erhaltenen Erdwällen 40 000 Zuschauern platz. Die einzige Sportdisziplin war damals der Stadionlauf. Die sportlichen Wettkämpfe stellten Kult- und religiöse Übung dar. Wenige Minuten vom Ausgrabungsgelände entfernt, liegt das Museum. Über ein Jahrtausend griechisches Leben, Kunst und Kultur von Olympia werden hier lebendig. Ein Besuch lohnt sich, denn es erleichtert das Verständnis für eine der schönsten, antiken Anlagen Griechenlands.

AUSFLUGSZIELE:

ANDRITSENA – Ein idyllisches Bergdorf

Auf dem Weg zum Tempel von Vasses liegt an einem Hang in den Peloponnes Bergen das idyllische Bergdorf Andritsena. Mit seinen engen Gassen und Holzhäusern hat das Dorf ein stimmungsvolles Ambiente. Entlang der Dorfstraße mit seinen kleinen Kram- und Handwerkerläden, wo der Schneider noch an der Nähmaschine sitzt, und der Schuster noch die Schuhe flickt, steht unter Platanen der Dorfbrunnen. Wer ein paar Tage ohne großen Rummel dort verbringen möchte, findet in dem ruhigen Gebirgsdorf bestimmt seine Ruhe.

Das Antike Stadion von Olympia

Heratempel in Olympia

Säule vom Zeustempel in Olympia

Blühender Judasbaum im heiligen Bezirk von Olympia

TEMPEL VON VASSES – In einsamer Berglandschaft

Etwa dreizehn Kilometer nach Adritsena erreicht man den Tempel von Vasses. Er steht in einer menschenleeren, einsamen Berglandschaft in 1130 m Höhe und wurde 420 v. Chr. gebaut. Damals hatte eine Pest-Epidemie weite Teile des Peloponnes heimgesucht, aber die Stadt Phigalia verschont. Als Dank gaben die Bewohner der Stadt den Auftrag zum Bau des Tempels, der Apollon Epikurios (dem Hilfebringenden) gewidmet wurde. Architekt des Vasses – Tempels war Iktinos, der beim Bau des Panthenon in Athen mitgewirkt hatte. Der Tempel hat auch einige architektonische Neuerungen. So wurde die Ausrichtung des Tempels nicht wie üblich in Ost-Westrichtung, sondern in Nord-Südrichtung gestellt. Statt bisher üblicher Säulenstellung 13 x 6 wurde er in der Länge gestreckt und besaß 15 x 6 Säulen und wirkt dadurch eindrucksvoller als bisherige Tempel. Erst 1765 wurde der Tempel wieder entdeckt. Heute ist der Göttertempel durch ein riesiges Zeltdach geschützt, das von der Ferne wie ein Werk des Verpackungskünstlers Christo aussieht. Der Tempel ist einer der besterhaltenen Griechenlands und in die Liste der bedeutendsten Bauwerke der Welt und Kulturerbe der Menschen aufgenommen. Hoch über der Neda-Schlucht sind im Umkreis des Tempels weitere antike Baureste des antiken Dorfes frei gelegt worden.

STEMNITSA – Idyllisches Bergdorf

Das auf 1080 m Höhe gelegene stille Bergdorf wird heute nur noch von 200 Einwohnern bewohnt. Mit seinen massiven Natursteinhäusern und dem hübschen Glockenturm welcher den Dorfplatz überragt, den romantischen Winkeln und Gassen, ist dem Dorf die ursprüngliche Idylle erhalten geblieben. Die Umgebung ist äußerst reizvoll. Stemnitsa ist von der tiefen Schlucht des Lousios-Tales und hohen Bergen umgeben. Die ausgedehnten menschenleeren Wälder und Hochebenen verleihen dieser Gegend einen besonderen Charme. Berühmt gemacht haben Stemnitsa die in Griechenland einzigartige Schule für Goldschmiede. Sehenswert ist auch das Volkskundemuseum. Die Ikonensammlung zeigt die religiöse Malerei von der mittelalterlichen Ära bis in die Moderne in guten Beispielen. In der Nähe von Stemnitsa liegen die beiden mittelalterlichen Klöster Prodomou und Philosophou.

DIMITSANA - .Dorf mit Freiheitstradition

Das Herzstück des Peloponnes liegt hoch auf einem Felsvorsprung über dem engen Lousios-Tal, in der arkadischen Gebirgslandschaft. Holprige Gassen, ein paar Läden und Kafenions prägen das beschauliche Dorf. An der Schule des mächtigen Philosophou Klosters wurde 1821 zum Freiheitskampf gegen die Osmanen aufgerufen. Die „Philiki Eteria", ein Widerstandsbund sammelte sich in Dimitsana. Ganz in der Nähe des Dorfes liegt das Kloster Emialon.

Verhüllter Tempel von Vasses

Tempel von Vasses

KASTRIA – Tropfsteinhöhle Spilo ton Limnon

Von Olympia fährt man über die wunderschönen Bergdörfer Langadia, Vytina weiter nach „Kastria". Beim Dorf liegt die Tropfsteinhöhle „Spilo ton Limnon". In der faszinierenden Höhle liegen auf drei Stockwerken 13 kleine Seen, die durch kurze Bachläufe und Wasserfälle miteinander verbunden sind. Die Stalaktiten spiegeln sich im Wasser unter der bis zu 30 m hohen Decke.
20 km sind es schließlich noch bis nach Kalavrita.

KALAVRITA – Bergstädtchen mit Zahnradbahn

Das in 700 m Höhe in einem weiten Hochtal gelegene 2200 Einwohnerstädtchen liegt am Fuß des mächtigen 2341 m hohen Ariona- Massivs und erinnert ein wenig an die Alpen. In den Sommermonaten ist Kalavrita wegen seiner kühleren Temperaturen ein angenehmer Aufenthaltsort und idealer Ausgangspunkt für Bergwanderungen. Eine besondere Attraktion für Eisenbahnfreunde ist die „Schmalspur-Zahnradbahn", die vom Bahnhof Kalavrita hinunter zum Küstenort Diakopto durch die wildromantische „Vouriokos Schlucht" fährt. Viermal täglich startet der aus zwei kleinen Waggons und einem Motortrailer bestehende Zug zu der 22 km langen Fahrt durch die wilde Schlucht mit ihren unzähligen Tunneln. Heute ist Kalavrita als Sommer- wie auch als Wintererholungsort sehr beliebt.

AUSFLUGSZIELE:

KLOSTER MONI AGIA LAVRA – Nationalheiligtum

Sieben Kilometer außerhalb von Kalavrita liegt in einem Baumgarten das Kloster Moni Agia Lavra. Es wurde 961 von Athos-Mönchen gegründet. Am 25. März 1821 soll hier Bischof Germanos von Patras unter der mächtigen Platane vor den Klostergebäuden zum Freiheitskampf gegen die Türken aufgerufen haben. Das Kloster wird heute noch von Mönchen bewohnt und ist Nationalheiligtum.

MEGA SPILEON – Das älteste Kloster Griechenlands

In grandioser Landschaft liegt zwischen bizarren Felsen in 940 m Höhe an der Panoramastraße von Kalavrita nach Diakopto das achtstöckige Kloster Mega Spileon. Es ist das älteste Kloster Griechenlands. Im Klosterkomplex befindet sich eine Grotte, in der die Klostergründer eine wundertätige Marienikone fanden. Das Kloster ist heute noch von Mönchen bewohnt und wenn man zur rechten Zeit kommt, kann man einem Mönch beim Schlagzeugsolo auf dem Symantron, einem an beiden Enden aufgehängten Holzbalken zuhören.

Bahnhof von Kalavrita

Historische Dampflokomotive in Diakopto

Nationalheiligtum Moni Agia Lavra

Kloster Mega Spileon, zu Füßen bizarrer Felsen

Wildromantische Vouraikosschlucht

Zahnradbahn Ododontos

Immer noch Fortbewegungsmittel ist der griechische Esel

DIAKOPTO – mit der Zahnradbahn nach Kalavrita

Vom Bahnhof in Diakopto fährt die Zahnradbahn täglich vier mal nach Kalavrita. Für Eisenbahnfreunde ist die Fahrt durch die wildromantische Vouriakos Schlucht noch ein Abenteuer. In westlicher Richtung fährt man dann weiter an der Küste entlang bis Egio und setzt mit der Fähre über zum griechischen Festland nach Agios Nikolaos. Von dort führt die gut ausgebaute Küstenstraße über Itea nach Delphi. An Delphi führt kein Weg vorbei und ist ein Muss für alle Griechenlandreisenden.

ITEA – Einst Anlegestelle für Pilger nach Delphi

Der Hafenort war früher Anlegestelle für die Pilger nach Delphi. Im Südosten des Dorfes kann man noch die Reste der Molen des antiken Kira besichtigen. Durch riesige Olivenhaine und unzählige Serpentinen fährt man den Berghang hinauf nach Delphi.

DELPHI – Mittelpunkt der antiken Welt

An den gewaltigen Abhängen des Parnaß-Massivs oberhalb einer tiefen Schlucht liegt eines der eindrucksvollsten Reiseziele Griechenlands. Der antiken Legende gemäß ließ Zeus zwei Adler fliegen, um das Zentrum der Erde herauszufinden. Die zwei Adler begegneten sich in Delphi und der Stein auf den sie sich gesetzt haben, der „Omphalos" d.h. „Nabel der Erde" wurde auf diese Weise als Mittelpunkt der Welt bestimmt. Weil Delphi die wichtigste Kultstätte des Apollon und zugleich Sitz des Orakels war, erweist sich die Stätte als einer der heiligsten archäologischen Plätze Griechenlands. Die Ausgrabungen haben ergeben, dass die ältesten Spuren menschlicher Tätigkeit in Delphi bis 4000 v. Chr. Zurückzuverfolgen sind. Der Gott Apollon wurde offensichtlich in der Zeit 1050-700 v. Chr. in das Heiligtum eingesetzt. Die wildromantische Umgebung machte schon auf die Besucher in der Antike großen Eindruck. Fürsten und Könige pilgerten aus der ganzen Welt zu dem Heiligtum um den Rat des unfehlbaren Orakels einzuholen. Pythia, die Orakelpriesterin, hockte über einer Erdspalte und stammelte Unverständliches. Die Priester übersetzten die oft rätselhaften Weissagungen. Heute gelangt man durch die gepflasterte Heilige Straße an den Weihegaben und Schatzhäusern vorbei hinauf zum „Apollontempel". Darüber liegt das 5000 Zuschauer fassende „Amphitheater" und das gut erhaltene „Stadion" aus dem 5. Jh. v. Chr. An der Straße nach Athen, versteckt hinter Bäumen, liegt die „Kastalische Quelle". Hier mussten sich früher die Besucher, sowie Priester reinigen. Das „Brunnenhaus" stammt aus hellenistischer Zeit. Wenige hundert Meter weiter östlich liegt das Heiligtum der Athena „Marmaria". Besuchen Sie auch das Museum mit Kunstschätzen von Weltrang.

Fähre von Egio nach Agios Nikolaos

Das Amphitheater von Delphi

Der Apollon-Tempel von Delphi

Der neue Ort Delphi ist sehr touristisch. In den beiden Hauptdurchgangsstraßen Apollonos und Friderikis reihen sich Hotels, Tavernen, Cafes und Souvenirläden aneinander. Drei Kilometer außerhalb von Delphi liegen wunderschöne Campingplätze mit Traumblick hinunter auf die Bucht von Itea.

Fast 100 km schlängelt sich die gut ausgebaute Küstenstraße zwischen bewaldeten Hängen und dem blauen Wasser des Golfs von Korinth Richtung Patras. Der schönste Ort an der Strecke ist „Galaxidi“ mit seiner alles überragenden Kirche und dem kleinen Hafen.

NAFPAKTOS – Sehr malerischer Hafenort

In dem geschichtsträchtigen Hafenort leben heute ca. 11 000 Einwohner. In der Antike war Nafpaktos wegen seiner strategisch günstigen Lage zu einer Festung ausgebaut worden. In der berühmten Seeschlacht von Lepanto vor der Bucht von Nafpaktos besiegte der Sohn Karls V, Don Juan d`Austria im Namen der „Christlichen Liga“ die türkische Flotte. Die Festung von Nafpaktos ist heute noch gut erhalten. Wunderschön ist ein Spaziergang durch die alten Gassen und Treppen des Ortes. Empfehlenswert ist der Weg hinauf zur Burg, welcher direkt rechts neben der Ortskirche oberhalb der Fußgängerzone beginnt. Der Ausblick auf den Ort, den malerischen Hafen und den Golf von Korinth mit seinem tiefblauen Wasser ist grandios. Unterhalb der Burg liegen zwei Cafes, wo man bei einem Kafe elliniko (griechischer Kaffee) den tollen Ausblick genießen kann.

ANTIRRIO – Die längste Schrägseilbrücke der Welt

Bei Antirrio verbindet die Charilaos Trikoupis Brücke das griechische Festland mit der Halbinsel Peloponnes bei Patras-Rio. Sie bringt nicht nur Zeitgewinn, sondern ist im höchsten Maße ein innovatives Bauwerk, das zwischenzeitlich als neues Wahrzeichen von Patras fungiert. Ihr Anblick ist majestätisch. Es wird für die Benutzung der Brücke eine Mautgebühr verlangt. Über die Brücke kommt man zurück nach Patras, man kann aber auch nach wie vor mit der Fähre nach Patras übersetzen.

Burg von Nafpaktos

Nafpaktos mit seinem malerischen Hafen

Hafen von Nafpaktos

Die längste Schrägseilbrücke der Welt von Antirrio nach Padras-Rio

Sonnenuntergang "A´dio Griechenland"

INFOTHEK – West-Peloponnes

ANREISE

Fähre :
Zielhafen auf dem Peloponnes ist Patras. Täglich verkehren Autofähren von Italien, Ancona, Bari, Brindisi, Venedig aus nach Patras. Die Überfahrt von Ancona dauert 19 – 22 Std, von Venedig 29 Std. Rechtzeitige Buchung vor allem in der Hochsaison wird dringend empfohlen!

Flugzeug:
Charterfluggesellschaften fliegen von mehreren deutschen Flughäfen zum Airport **Araxos** ca 35 km südwestlich von Patras. Offiziell ist der Airport ein Militärflughafen der auch ein Abfertigungsgebäude für den Zivilflug besitzt.
Weitere Charterflüge gibt es zur Ionischen Insel Zakynthos, von dort ist man in einer Stunde mit der Fähre im Fährhafen Kyllini am West-Peloponnes. Linienflüge gibt es nach Athen.

AUSKÜNFTE

Kostenloses Prospektmaterial versendet die griechische Zentrale für Fremdenverkehr. Tel. 0049 69236561, Fax 0049 69 236576

VERKEHRSMITTEL IM LAND

Bahn:
Von Athen gibt es eine Bahnstrecke über Korinth nach Patras und weiter über Pyrgos bis Kalamata.

Bus:
Busverbindungen gibt es von Athen nach Patras bis Pyrgos.

Mietfahrzeuge:
Zentralen bewährter Autoverleihfirmen die in größeren Städten des Peloponnes Filialen haben. **Europcar** , Syngrou Ave 4, 11742 Athen, Telefon. 0030 2109 215789,
Hertz, Vouliagmenis Ave 576 A, 16451 Argyroupolis, Telefon 0030 2109 982000

Fähren:
Autofähren gibt es vom Hafenort Kyllini zu den Ionischen Inseln Kefalonia und Zakynthos. Von Patras aus zur Insel Kefalonia und von dort mit der Fähre weiter zur Insel Ithaka.

INFOTHEK – West-Peloponnes - UNTERKÜNFTE

Primarolla Art Hotel , Othonos Amalias 33 in Patras, klein und fein, 14 Zi. und Suiten mit luxuriöser Ausstattung, Gourmet-Restaurant, Telefon. 0030 2610 624900, Fax 0030 2610 623559, E-Mail: www.arthotel.gr

Kalogria Beach Hotel, 40 km südwestlich von Patras bei Araxos, Bungalow-Ferienpark am wunderschönen Kalogria Sandstrand, Swimmingpool, Sportmöglichkeiten, sehr gute Küche. Der nette Hotelmanager Konstantin spricht deutsch, Tel. 0030 2693031276, Fax 0030 2693031381, kalogria@otenet.gr

Robinson Club Kyllini Beach, in Kastro-Kyllini, direkt am Kyllini Golden Beach Traumsandstrand mit sehr guten Sportmöglichkeiten, Swimmingpool, 16 Tennisplätze, Segeln, Sauna, Wellness, Shows, Kunstatelier, sehr gute Küche, paradiesische Gartenanlage , Tel. 0030 26230 64000, Fax. 0030 26230 95206

Grecotel Olympia Riviera Resort, in Kastro-Kyllini mit exklusivem Thalasso Zentrum, Meer- und Süsswasser-Pool, Zimmer, Suiten und Beach Villen liegen in einem großen, bewaldeten Areal am Kyllini Sandstrand. 3 Resorts, Thallaso, Mandola Suites&Villas, Olympia Oasis, Tel. 0030 26230 64400, Fax 64550

Pension Christos, preisgünstig wohnen in Kastro-Ilias, 2 letztes Haus links vor der Burg mit Panoramablick über das Ionische Meer und den Inseln Zakynthos, Kefalonia, Ithaka, 3 geräumige DZ, Küchenbenutzung, Gemeinschaftsbad. Christos spricht deutsch und versorgt seine Gäste mit selbstangebautem Obst, Gemüse, Eiern, Wein und Olivenöl. Tel. 0030 262309537 und 0030 694601333.

5 Ferienhäuser mit 60 und 70 qm in Kastro-Ilias beim Analipsis Strand, ruhige Lage, schöne Sonnenuntergänge, Strandkantina wo man sehr gut Essen kann, vermietet Nikos Kouris. Der sehr gastfreundliche Besitzer spricht deutsch.
Tel. 0030 6972725921, Fax 0030 262309510, E-Mail: kouris06@ote.net

Hotel Zorbas in Myrtia bei Katakolo am westlichen Ortsausgang mit 2 Bungalows, Taverne, Terrasse am Ilias Strand. Freundlicher Familienbetrieb, der Wirt spricht deutsch, 19 Zi., Tel. 0030 2621054238, Fax 26210 54233,
E-Mail: zorbas2@otenet.de

Hotel Europa, Drouvastr. 1 in Olympia. Erstklassiges, modernstes, gemütliches Hotel, mit Swimmingpool, Tennisplatz, Reitmöglichkeiten, geräumige Zimmer, Tel. 0030 2624022650, Fax 2624023166, E-Mail: hoteleuropa@hoteleuropa.gr

Hotel Pelops, Odo Varela 2 in Olympia, kleines, ruhiges Hotel, 60m von der Hauptstraße, saubere Zimmer mit Balkon, Badewanne oder Dusche. Besitzer-familie ist sehr freundlich, Tel. 0030 2624022543, Fax 26240 22213, E-Mail: hotelpelops@hotmail.com

Gästehaus Avgerinos&Syrrakos in Andritsena, das steinerne traditionelle Gästehaus wurde 1803 gebaut und 1999 umgebaut, 7 Zi., 1 Suite, alle Zimmer mit Kamin, Minibar, Fernsehen, Telefon, Restaurant und Cafe, fantastische Sicht, Tel. 0030 2626022314, Fax 26260 22324, E-Mail: avgerinosk@hol.gr

Hotel Lambia Ori in Lambia Ilias, 22 Zi. mit bezauberndem Blick auf die umliegenden Berge. Traditionelles Haus mit Natursteinen gebaut, in einer Höhe von 1150 m, hausgemachtes Frühstück mit lokalen Erzeugnissen, sehr ruhig , Tel. 0030 2624081323, Fax 0030 26240 81323.

Hotel Filoxenia Ethenikis Antistasios 10 in Kalavrita, 100m vom Bahnhof in einer Seitenstraße, 28 Zi., sehr angenehm, komfortabel, Tel. 0030 269222290

Gästehaus Aphrodites Inn in Kalavrita mit herrlichem Rundblick von den Veranden, 7 Zi., Aufenthaltsraum mit Kamin, die Gäste können Pferde und Ponys mieten. Das Gästehaus ist ganzjährig auch im Winter geöffnet.
Tel. 0030 2692023600, Webseite: www.aphroditeinn.gr

Gästehaus Driades in Kalavrita. 10 Zi., Holz beherrscht alle Innenräume und verleiht ein einmaliges Gefühl von Wärme. Das Gästehaus ist ein Ort der Ruhe mitten in der Natur. Tel. 0030 2692023840, Webseite: **www.web-greece.gr**

Gästehaus Pyrgos Zarouchlas, am Dorfrand von Zarouchlas, alter drei Stockwerke hoher Turm aus dem Mittelalter (1821) der heute in ein luxuriöses Gästehaus umgewandelt wurde. 4 Zi., mit Kamin. Guter Ausgangspunkt um das älteste Kloster Griechenlands „Mega Spileon" zu besuchen.
Tel. 0030 6972092005, E-mail: ainge@tee.gr

Hotel Chris Paul, ruhig am Ortsrand von Diakopto, 26 Zi., sehr sauber, Swimmingpool, zuvorkommender Service. In Diakopto fährt die Zahnradbahn ab nach Kalavrita. Tel. 0030 2691041715, Fax 0030 2691042128

Herrenhaus To Archontiko tou Gero-Foti, in Lakka Simpolitias, wurde 1892 als Herrenhaus gebaut und ist heute ein Gästehaus. 5 Zi., mit wunderbaren Antiquitäten ausgestattet. Alle Zimmer mit Kamin und TV. Schöner Blick zum Korinthischen Golf. Tel. 0030 2691025126, Webseite: www.gerofotis.com

Hotel Vouzas, im Ortszentrum von Delphi, Pavlou-Friderikis-Str. 1, alle Zimmer sind nobel eingerichtet mit tollem Ausblick auf das Tal des Flusses Pistos, Tel. 0030 22650 82232, Fax 22650 82033E-Mail: vouzashotel@otenet.gr

Hotel Xenia, im östlichen Teil von Nafpaktos (Gribovo Beach) in einem Park gelegen, ruhige Lage. Tel. 0030 26340 22301, Fax 26340 29764

INFOTHEK – West-Peloponnes: CAMPINGPLÄTZE

Kato Alissos Camping , 18 km nach Patras in Richtung Pyrgos, ca 600 m von der Old Road zum Meer. Gepflegte Anlage, viel Schatten unter Oliven, Zitronen und Silberpappeln, saubere sanitäre Anlagen, freundlicher Besitzer.

Panorama Camping, zu erreichen ab Lechena über eine 5km Stichstraße zum Meer. 68 Stellplätze mit Sonnenschutz durch Silberpappeln und Tamarisken, Minimarkt, Taverne, Snackbar, sehr schöner Sandstrand.

Melissa Camping, in Kastro-Ilias, rund 500m nördlich des Robinson Clubs direkt am Kyllini Sandstrand. 120 Stellplätze, teils schattig, saubere sanitäre Anlagen, Minimarkt.

Fournia-Beach Camping, in Kastro-Ilias, rund 3 km nördlich des Robinson Clubs am Kyllini Strand, mit Bungalows für 2-4 Personen , Minimarkt, gute Taverne, freundliche Besitzer, Spyros spricht deutsch, tolle Sonnenuntergänge.

Aginara Beach Camping, in Glyfa, gepflegte Anlage am Strand. Schatten durch Bastmatten-Dächer und Tamarisken, Strandbar, Taverne, Minimarkt, 25 Bungalows mit Dusche und Toilette.

Kourata Camping, bei Amaliada, 2 km von der Hauptstraße Patras-Pyrgos, mit viel Vegetation direkt am Meer, Eukalyptus, Tamarisken spenden Schatten, Strandtaverne, Minimarkt. Der zuvorkommende Besitzer spricht deutsch.

Paluki Camping, 1km südlich von Kourata, 2 km Stichstraße zum Meer, saubere Duschen, Toiletten, Waschmaschine, gepflegtes Strandrestaurant, das Deutsch – griechische Besitzerpaar ist sehr freundlich.

Diana Camping, 250 m oberhalb von Olympia am Hang, traumhafter Blick über das Alphios-Tal und die liebliche Landschaft von Olympia. Swimmingpool, kuschelig terrassierte Stellplätze für Zelte,

Olympia Camping, am Ortseingang von Olympia, Terrassenförmig angelegt unter Bäumen, (Pinien, Orangen, Oliven, Tamarisken) mit Swimmingpool und Minimarkt.

Kyparissia Camping, zu erreichen ab Hafenmole in Kyparissia, ca. 400 m Richtung Norden auf einer Anhöhe oberhalb des Meeres. Einfache Waschgelegenheiten und Toiletten. Der Sandstrand liegt unterhalb des Camping.

Delphi Camping, 3 km bis zum Ortszentrum von Delphi mit grandiosem Blick hinunter auf die Bucht von Itea. Traumhafte Sonnenuntergänge die nicht nur Romantiker aus dem Zelt locken. Vorbildliche Sanitäre Anlagen, Swimmingpool, kleiner Minimarkt.

TIPPS ZUM ESSEN GEHEN

„Dasyllio“ Restaurant mit Cafe-Garten im Park ca. 300 m nördlich der Burg mit großartigem Blick auf Patras und den Hafen. Gute Drinks, Kaffee und Gerichte.

„Kalypso“ An der nördlichen Uferstraße Iroon Polytechniou in Patras. Schöne Parkanlage mit Springbrunnen, ausgezeichnete Grillgerichte insbesondere Fisch.

„Ionian Restaurant“ in Manolada am Golf von Kyllini . Der Wirt bringt gleich eine Literkaraffe Rotwein. Man sitzt unter Schilfrohrmatten.

„Dionysos“ Taverne mitten im Dorf von Kastro-Ilias an der Hauptstraße . Gute griechische Küche, Spezialität sind dort Garides (Garnelen) vom Grill.

„Kantina Kalamias“ ca. 200 m nach der Ortsausfahrt von Kastro-Ilias, Richtung Kyllini führt links eine Straße hinunter zum Analipsis Beach. Nico bedient persönlich unterm Sternenhimmel bei romantischer Musik. Hervorragend sind die Filetto, Souflaki, Tzaziki, Knoblauchbrote und Patates.

„**Kantina bei Nakos**“ direkt am Kyllini Golden Beach, nach dem Campingplatz Melissa geht es links zum Strand. Freundlicher Familienbetrieb mit guter Küche. Man spricht deutsch, besonders geeignet für Camper. Es gibt Dusche und WC.

„Kafenion Andreas“ mitten im Dorf Kastro-Ilias. Hier trinkt man den Elenikos Kaffee und lernt ein typisches, griechisches Kafenion und das Dorfleben kennen. Andreas serviert auch Ouzo mit Oliven und Sardellen.

„Strandbar“ in Arkoudi**“,** an der romantischen Bucht kann man traumhafte Sonnenuntergänge in Richtung Zakynthos erleben und bei Pink Floyd Musik köstliche Drinks an der Bar genießen. Im darüber liegenden Restaurant gibt es köstliche Fisherman Spaghetti.

„**Fischtaverne Sidoris**“ am Ortsende von Glyfa direkt am Strand. Hier bekommt man täglich fangfrischen Fisch, Oktopus und Kalamaris.

„Karousos“ am Kaibeginn von Katakolo gibt es in einem großen Aquarium immer frischen Fisch, auch Lobster und anderes Seegetier.

„Taverna Bacchus“ oberhalb von Olympia im Dorf Miraka macht Dimitri vorzüglichen Saganaki (flambierten Käse) mit Minze und Salbei.

„Avgerinos&Syrrakos“ in Adritsena, das Restaurant des Gästehauses bietet handgemachte Pasteten, Gerichte nach lokalen Rezepten und örtliche Weine.

„**Hotel Maria**“ Restaurant in der Fußgängerzone wenige Meter vom Bahnhof in Kalavrita. Die Spezialität ist dort Ziege.

„**Cafe Kastro**“ auf halbem Weg, an der Straße zur Burg in Nafpaktos. Man sitzt gemütlich auf einer Rasenterrasse mit sehr schönem Ausblick auf den Hafen.

INFOTHEK

Kleine Sprachhilfe Griechisch

Diese kleine Sprachhilfe kann nur wenige wichtige Begriffe und Redewendungen vermitteln. Wer mehr lernen möchte muss auf ein Sprachlexikon zurückgreifen.

Hallo(Du/Sie)	jassu/jasas
Ja	ne
Nein	ochi
Bitte	Paraka`lo
Danke	Efchari`sto
Guten morgen	Kali`mera
Guten Tag	Chärete
Guten Abend	Kali`spera
Gute Nacht	Kali`nichta
Auf Wiedersehen	A`dio
Gestern	Chtess
Heute	simera
Morgen	awrio
Wie geht es ihnen	Poss`iste
Entschuldigung	Signomi
Kellner	Ga`rson
Die Speisekarte bitte	Paraka`lo ton ka`taloga fagi`ton
Rechnung	Ton logaria`smo
Bezahlen bitte	Na pli`rosso, paraka`lo
Hotel	xenodochio
Was kostet das Zimmer	Posso ko`stisi to do`matio
Mit Frühstück	me proi`no
Bank	trapesa
Polizei	astino`mia
Rufen Sie bitte schnell	Fo`naxte paraka`lo grigora
einen Krankenwagen	ena nosokomia`ko
Hilfe	Wo`ithia
Krankenhaus	nosokomio
Arzt	jatros
Apotheke	farmakio
Ich habe eine Panne	Echo wlawi
Wo ist	Pu`inä
Das Flugzeug	aero`plano
Die Fähre	feri`bot
Der Bus	leofo`rio
Der Bäcker	furno

West-Peloponnes

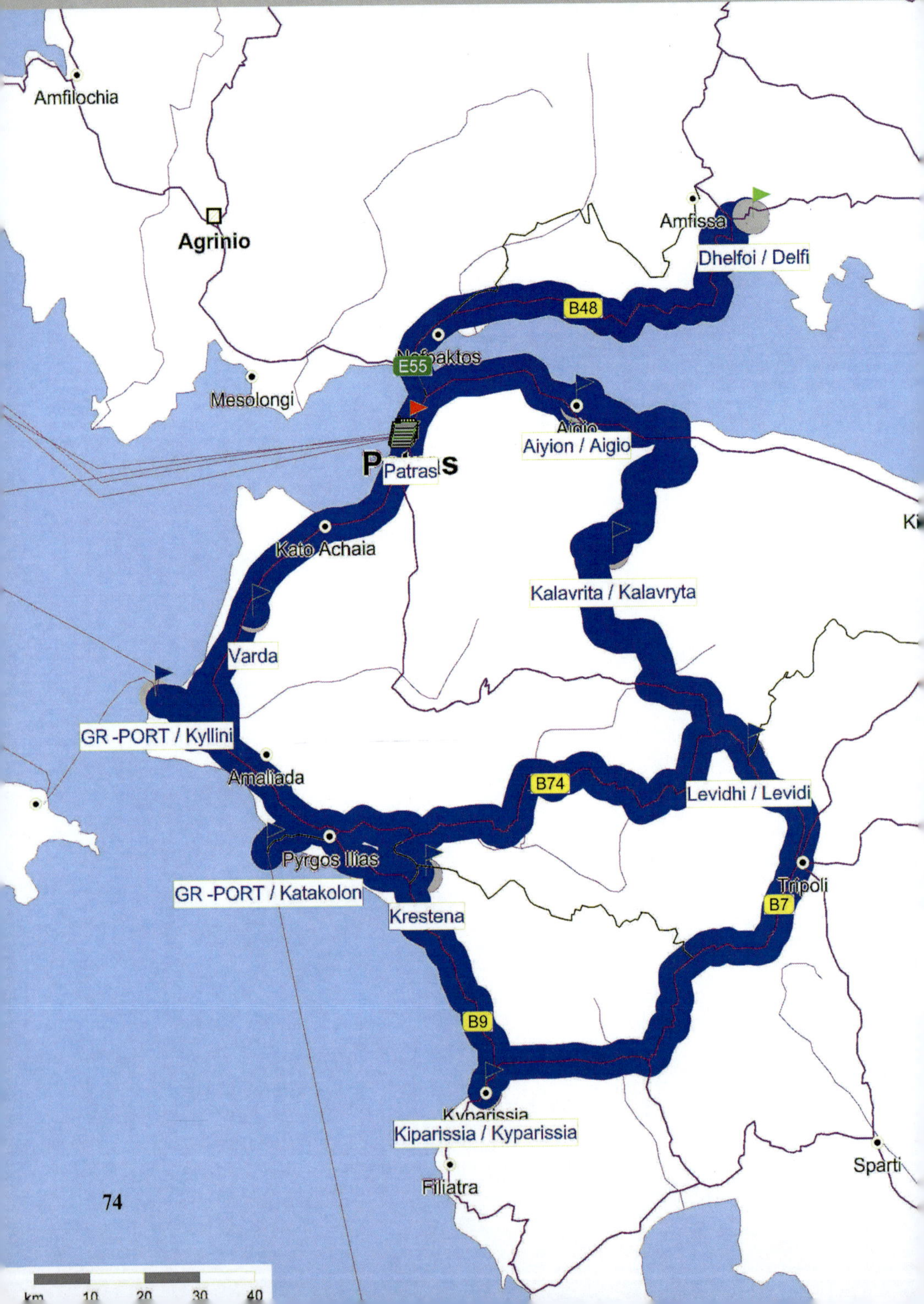

Kefalonia, Ithaka, Zakynthos

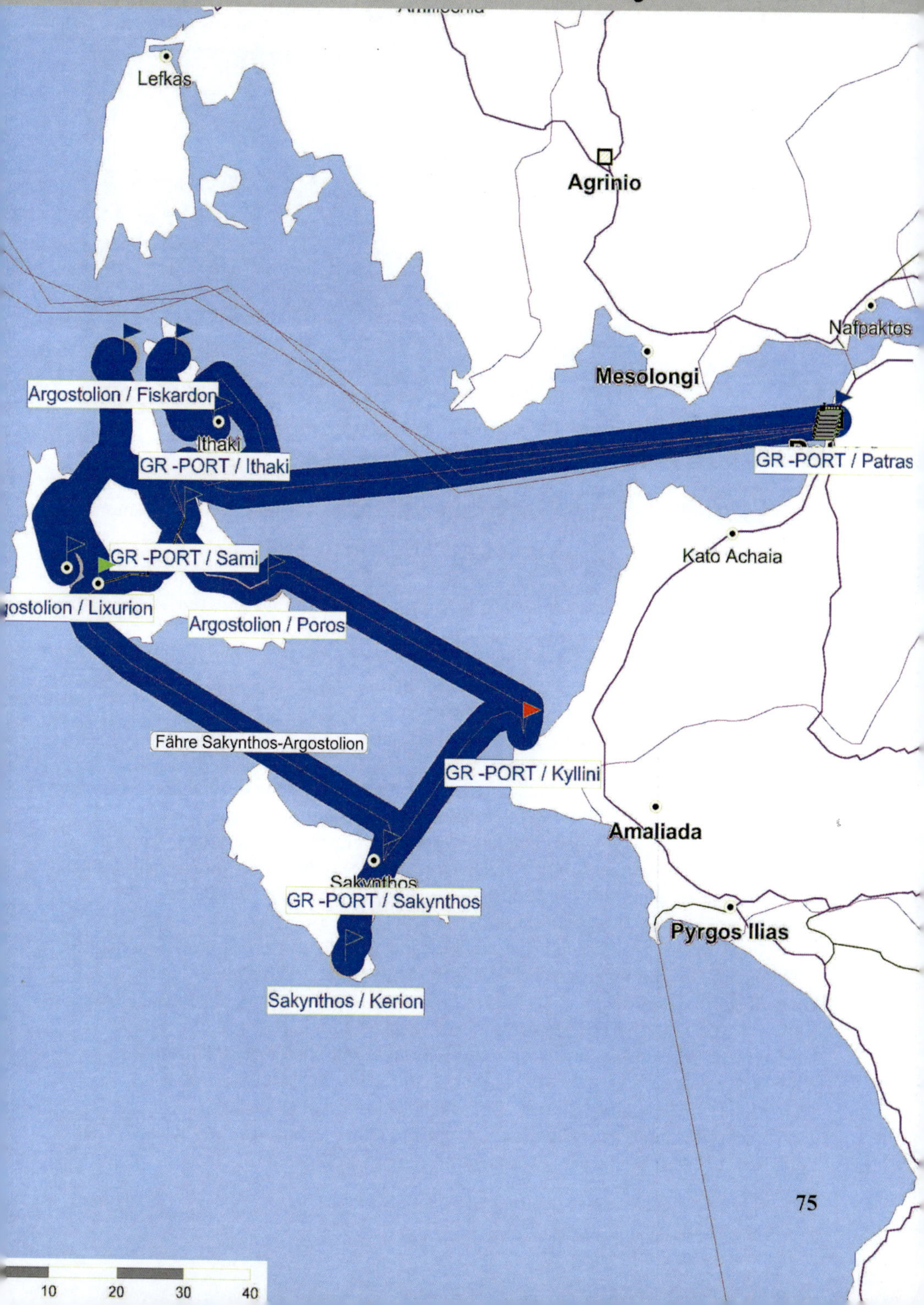

Autor Portrait „Agamemnon“, Reiseschriftsteller und Fotograf

Der Autor wird am 8. November 1946 in Lahr im Schwarzwald geboren.
1967–73 studiert er Architektur, Städtebau und Archäologie an der TU in Berlin.
1974-1976 arbeitet er in Kastro-Ilias am West-Peloponnes und entdeckt die Liebe zu Griechenland. Seine griechischen Freunde verliehen ihm den Namen „Agamemnon“, den er bis heute als Künstlernamen trägt.
1977 pilgert er zum Berg der Asketen nach Athos, wo er die Architektur der Klöster und das Mönchsleben studiert.
1978 ist er sechs Monate auf Abenteuerreise mit Durchquerung der Sahara.
Er schreibt den Reisebericht „30.000km mit dem Reisemobil um die Welt“.
1980 macht er sich in seiner Heimatstadt Lahr selbständig als Freier Architekt.
1981-1995 bereist er jedes Jahr Griechenland und berichtet über das schöne Land der Hellenen. Er schreibt u. a. Reiseberichte über Kreta, Santorini, Paros.
1996 ist er in Brasilien, schreibt Reiseberichte über Bahia und die Lino Verde.
2000 besucht er die Indianer in Guyana und Surinam. Er schreibt über seine Erlebnisse „ Bei den Indianern in der Hölle von Guyana und Surinam.“ Seit
2004 lebt er überwiegend in Kastro-Ilias und fährt zur Mythosinsel Ithaka, Kefalonia, Lefkada. Er schreibt Reiseberichte „Auf den Spuren von Odysseus“.
2005 reist er nach Mallorca, schreibt den Reisebericht „Urlaub im Kloster“.
2006 verfasst er Reiseberichte über „Patras- die Kulturhauptstadt Europas“ , „Zur Mandelblüte nach Mallorca“ und „West-Peloponnes entdecken“.
2007 schreibt er den Reisebericht „Korfu/Paxos–Sinfonie in Grün“ und veröffentlicht sein Buch, den „Reisebegleiter West-Peloponnes“.

Reisebegleiter
DIE IONISCHEN INSELN
Auf den Spuren von Odyseus

Korfu, Paxos, Antipaxos, Lefkas, Ithaka, Kefalonia, Zakynthos
von Agamemnon erscheint 2008 bei BoD - Books on Demand

INHALTSVERZEICHNIS

Titelseite – Charilaos Trikoupis Brücke in Patras – Rio
Seite 01 Reisebegleiter West-Peloponnes
Seite 02 Impressum
Seite 03 Einleitung – Willkommen am West-Peloponnes
Seite 04 Anreise Venedig – Patras, Korfu und Igoumenitsa
Seite 05 Venedig, Markusplatz
Seite 06 Imposante Stadtkulisse von Venedig und der Hafen von Korfu
Seite 07 Patras – Vitale Hafenstadt
Seite 08 Charilaos Trikoupis Brücke, Lagune von Kotychi, Wald von Strofilia
Seite 09 Lebhafter Hafen von Patras, Blick über Patras
Seite 10 Bischofskirche von Patras, Weingut Achaia Clauss
Seite 11 Schirmpinienwald von Strofilia
Seite 12 Lagune von Metochi, Natursandstrand von Kalogria
Seite 13 Kyllini, Fähr- und Fischerhafen, Kefalonia – Insel der Naturwunder
Seite 14 Blühende Mohnblumenwiese, Hafen von Kyllini
Seite 15 Fischer im Hafen von Kyllini
Seite 16 Klosterkirche Moni Vlachernon in Kyllini
Seite 17 Meeresmühle in Argostoli, Mirtos Bucht, Kefalonia
Seite 18 Mellisani Höhlensee, Drogantari Tropfsteinhöhle, Kefalonia
Seite 19 Hafen von Fiskardo, Bergziegen im Enosgebirge, Kefalonia
Seite 20 Zakynthos, Ithaka
Seite 21 Zakynthos-Stadt mit venezianischem Flair
Seite 22 .Die blauen Grotten, To Navagio (Shipwreck Bay) Zakynthos
Seite 23 Sandstrand bei Planos, Fischtaverne in Agios Nicolaos, Zakynthos
Seite 24 Windmühle am Kap Skinari, Zakynthos
Seite 25 Vathi, Aspros Gialos, Ithaka
Seite 26 Kloster Kathara, Bucht von Kioni, Ithaka
Seite 27 Frikes , romantischer Fischerhafen, Ithaka
Seite 28 Kastro-Ilias, Analipsis Beach
Seite 29 Kastro-Ilias mit Kreuzritterburg Chlemoutsi, Blick von der Burg
Seite 30 Typisches Kafeneion in Kastro-Ilias, Keramikladen in Kastro
Seite 31 Bouzoukispieler und Sirtakitänzer
Seite 32 Folkloretanzgruppe von Kastro-Ilias, weidende Schafe im Olivenhain
Seite 33 Granatäpfel wie im Paradies
Seite 34 Bougainvillea blühen zwischen Bananenstauden
Seite 35 Kyllini Beach, Loutra Kyllini, Arkoudi, Glyfa, Andravida
Seite 36 Kyllini Golden Beach, Poollandschaft im Robinson Club Kyllini Beach
Seite 37. Sonnenuntergang am Analipsis Beach, Loutra Kyllini,
Seite 38 Sonnenuntergang in der Bucht von Arkoudi, Bauchtänzerin in Glyfa
Seite 39 Amaliada, Elis, Kloster der Asketen, die ältesten Olivenbäume

Seite 40 Wochenmarkt in Gastouni, Zigeunermarkt in Amaliada
Seite 41 Ausgrabungsgelände des antiken Elis, Elissee
Seite 42 Griechischer Esel am Wegesrand
Seite 43 Kloster der Asketen
Seite 44 Ältester Olivenbaum der Welt beim Dorf Goumero
Seite 45 Ältester Olivenbaum der Welt
Seite 46 Katakolo, Skafidia Beach, Weingut Mercouri, Kaiapha, Pyrgos
Seite 47 Hafen von Katakolo, Weingut Mercouri
Seite 48 Sandstrand von Skifidia, Schwefelheilbad Kaiapha
Seite 49 Olympia, Andritsena
Seite 50 Antikes Stadion von Olympia, Heratempel in Olympia
Seite 51 Zeustempel in Olympia
Seite 52 Blühender Judasbaum im heiligen Bezirk von Olympia
Seite 53 Tempel von Vasses, Stemnitsa, Dimitsana
Seite 54 Verhüllter Tempel und Säulen des Tempels von Vasses,
Seite 55 Kastria, Kalavrita, Moni Agia Lavra, Kloster Mega Spileon
Seite 56 Bahnhof von Kalavrita, Dampflok in Diakopto
Seite 57 Moni Agia Lavra, Kloster Mega Spileon
Seite 58 Wildromantische Vouriakosschlucht
Seite 59 Zahnradbahn Ododontos
Seite 60 Fortbewegungsmittel griechischer Esel
Seite 61 Diakopto, Itea, Delphi
Seite 62 Fähre Egio nach Agios Nikolaos, Amphitheater von Delphi
Seite 63 Apollon- Tempel von Delphi
Seite 64 Nafpaktos, Antirrio
Seite 65 Burg von Nafpaktos. Nafpaktos mit seinem malerischen Hafen
Seite 66 Hafen von Nafpaktos
Seite 67 Antirrio die längste Schrägseilbrücke der Welt, A´dio Griechenland
Seite 68 Infothek, West-Peloponnes, Anreise, Auskünfte, Verkehrsmittel
Seite 69 Infothek, West-Peloponnes, Unterkünfte
Seite 70 Infothek, West-Peloponnes, Unterkünfte
Seite 71 Infothek, West-Peloponnes, Campingplätze
Seite 72 Infothek, West-Peloponnes, Tipps zum Essen gehen
Seite 73 Infothek Kleine Sprachhilfe Griechisch
Seite 74 Karte Routenplaner West-Peloponnes
Seite 75 Karte Routenplaner Kefalonia, Ithaka, Zakynthos
Seite 76 Autor Portrait Agamemnon
Seite 77 Reisebegleiter, Die Ionischen Inseln
Seite 78 Inhaltsverzeichnis 1
Seite 79 Inhaltsverzeichnis 2
Seite 80 Schlusswort
Rückseite, West-Peloponnes entdecken und erleben, To Naviogo Zakynthos

Schlusswort

siga, siga

langsam, langsam

ist das wichtigste Gebot in Griechenland und ein oft gebrauchter Begriff.
Nehmen Sie sich Zeit wenn etwas nicht so funktioniert wie sie möchten,
denn aufgebrachtes Schimpfen hilft hier gar nichts,
viel aber helfen Ruhe und Geduld

In diesem Sinne – genießen Sie ihren Urlaub
denn

avrio

morgen
ist auch noch ein Tag

kalo taxidi – gute Reise
wünscht

Agamemnon